Poesías de

Sor Juana Inés
de la Cruz

antología

COLECCION
Poesía

EDITORES MEXICANOS UNIDOS, S. A.
L. GONZALEZ OBREGON No. 5-B
MEXICO 1, D. F.

OTROS TITULOS DE LA

COLECCION POESIA
(Tam.: 12 x 18.5 cm.)

© **Editores Mexicanos Unidos, S. A.**
Miembro de la Cámara Nacional
de la Industria Editorial. Reg. No. 115

5a. edición abril de 1983

La presentación y composición tipográficas
son propiedad de los editores.

ISBN-968-15-0271-X
Impreso en México
Printed in Mexico

Distribuidor exclusivo en VENEZUELA:
VEN-LEE Distribuidora de Ediciones
Av. Fuerzas Armadas con Av. Panteón, Esq.
San Miguel. Edificio RODIMER piso 6.

Distribuidor exclusivo en ESPAÑA:
EDIMUSA, S. A.
Ausias March 130,
Tienda Derecha
Barcelona 13.

Prólogo

O ABUNDAN en la *historia de la literatura las poetisas de renombre universal y menos entre las religiosas, sometidas a limitaciones que no conocen las mujeres que viven en el siglo. En desquite de esta circunstancia, cuando alguna ha surgido ha logrado revestir la inmensa importancia que aureola los nombres de Teresa de Jesús,* en *España, y* SOR JUANA INÉS DE LA CRUZ en *nuestra patria mexicana.*

Ya de antiguo esta excelsa escritora consiguió impresionar al mundo con la maestría de su arte y lo sublime de su inspiración. En el siglo XVII, *es decir en vida suya, puesto que nació en 1651 y falleció en 1695, circularon ya numerosas ediciones de su obra rimada. Aquéllas siguieron obteniendo inmensa aceptación a principios del* XVIII *y rara es la persona medianamente culta que no conserve en su espíritu el eco graciosamente mordaz de sus famosas redondillas, las que comienzan así: "Hombres necios que acusáis a la mujer sin razón..."*

SOR JUANA *produjo gran número de poesías que superan en profundidad a las inolvidables redondillas aludidas. Es autora de delicadísimos sonetos, como también de las célebres "Liras que expresan sentimientos de ausente" y abundantes romances de tema piadoso. A juicio de los entendidos su extraordinaria respuesta o carta a Sor Filotea de la Cruz, puede incluirse entre los más nobles escritos*

7

castellanos de carácter autobiográfico. Un crítico de tan insospechable autoridad como es Don Marcelino Menéndez y Pelayo, no titubeó en declarar a la talentosa mexicana muy superior a todos los poetas españoles del reinado de Carlos II, época, como es sabido muy poco propicia a la amenidad. Del eminente polígrafo santanderino copiamos al azar estos párrafos, relativos a nuestra poetisa:

"Lo que más interesa en sus obras es el rarísimo fenómeno psicológico que ofrece la persona de su autora...

"...el ejemplo de curiosidad científica, universal y avasalladora que desde sus primeros años dominó a Sor Juana y la hizo atropellar y vencer hasta el fin de sus días cuantos obstáculos le puso delante la preocupación o la costumbre, sin que fuesen parte a entibiarla ni ajenas represiones, ni escrúpulos propios, ni fervores ascéticos, ni disciplinas y cilicios después que entró en religión...

"Ella es la que nos cuenta que aprendió a leer a los tres años; que a los seis o siete, cuando oyó decir que había universidades y escuelas en que se aprendían las ciencias, importunaba a su madre para que la enviase al Estudio de México, en hábito de varón: que aprendió el latín casi por sí propia, sin más base que veinte lecciones que recibió del bachiller Martín de Olivas..."

Sabemos, por confesión propia, que su anhelo de aprender la llevó al extremo de recortarse el cabello y no dejarlo crecer de nuevo hasta haber asimilado algo que se había propuesto y dice con su incomparable gracejo: "No me parecía de razón que estuviese vestida de cabellos una cabeza que estaba tan desnuda de noticias, que eran más apetecible adorno".

Por desgracia, las obras de Sor Juana no se hallan hoy al alcance de todo el mundo, lo cual la haría permanecer virtualmente desconocida para muchos de no haber mediado el celo muy loable de algunos eximios admiradores suyos, de la categoría intelectual de Abreu Gómez, Villau *rrutia y otros a quienes se deben interesantísimas reimpresiones.*

Tampoco se conocían muchos detalles de la vida privada de esta monja genial, aparte de lo que deja escrito en la antes citada respuesta a Sor Filotea y algunos pormenores que figuran en sus biógrafos Calleja y Eguiara. En 1947, Guillermo Ramírez España, dio a la estampa, bajo el título global de La familia de Sor Juana Inés de la Cruz, una serie de documentos inéditos, completados el mismo año por Cuatro documentos relativos a Sor Juana, de Lota M. Spell. Ambas publicaciones debidas a la Imprenta Universitaria, en su loable labor que es de todos bien estimada.

Transcurrieron dos años y los eruditos tuvieron el placer de contar con una bella edición del Testamento de Sor Juana Inés de la Cruz y otros documentos, que aportó a la cultura patria el infatigable investigador Enrique A. Cervantes. Gracias a estas tres obras, se hace posible hoy captar una impresión más fiel de lo que fuera en su día la vida doméstica de la esclarecida monja jerónima.

Por lo que se desprende de estas providenciales aportaciones sabemos que los Ramírez, ascendientes de la poetisa, procedían de Sanlúcar de Barrameda, provincia de Cádiz, en España. Quizá, sin querer pecar de irreverentes, podríamos ver en su origen andaluz, la causa, a través de un misterioso atavismo, del gracejo y la sal, que campean en muchas composiciones de la escritora. Sus abuelos, don Pedro Ramírez de Santillana y doña Beatriz Ramírez Rendón llegaron a México a principios del siglo XVII y residieron en Huichapan. Isabel, hija de ambos, nació en Yecapixtla, en tierras compradas al convento de dicho pueblo y andando el tiempo fue a su vez madre de SOR JUANA.

Don Pedro arrendó la alquería de Nepantla a los monjes de Santo Domingo y más tarde la hacienda de Panoayán, en Meca-Meca, hoy Amecameca. Además de Isabel, tuvo el rico labrador otros diez hijos, pero a su muerte, en 1655, hubo de ser ella, por enérgica y entendida en labranza la que asumió la administración de las tierras. Procreó hijos naturales con el capitán vasco Pedro Manuel de Asbaje y con Diego Ruiz Lozano, descendiente de extremeños y vecino de Chalco. Juana Ramírez de Asbaje fue la más joven de los tres hijos del vasco. Podríamos aplicar de nuevo el criterio apuntado más arriba en cuanto a los atavismos raciales. En el temperamento enérgico de SOR JUANA, tenaz en cuanto se proponía, hay tanto de vasco como cascabelea el donaire andaluz en mucho de que escribió y dijo durante su vida. Resplandece tal donaire en el gracioso expediente que empleó siendo muy niña para persuadir a la maestra de su hermana mayor a que le enseñase a leer, en lugar de limitarse a acompañar a aquélla como oyente. La maestra no creyó que doña Isabel autorizase tal cosa, como aseguraba muy seria la pequeñuela, pero la enseñó por darla gusto. Ambas callaron su inocente trapicheo. Acaso a esta buena maestra desconocida debamos el primer pigmento del esclarecido saber que estaba llamado a contener aquel tierno cerebro.

Indomable en sus resoluciones, obtuvo por fin su sueño dorado de pasar a la capital y allí completó los estudios que iniciara sin orden ni concierto, en la biblioteca de su abuelo, donde, no obstante, se familiarizó con los clásicos españoles. Leer versos, la infundió la inapelable necesidad de hacerlos y ello la permitió obtener un premio del vicario de Amecameca con una loa rimada al Santísimo Sacramento. Su precoz inteligencia la hizo ver que necesitaba un maestro y por eso importunó a su madre para que la mandase a la universidad, con atavío masculino. Era lo suficientemente despierta para apreciar los peligros que su incipiente belleza podría arrostrar. Consiguió por fin, como antes dijimos, su obsesión de dejar el campo y vivió segura y feliz al lado de su abuelo y aprendió el latín en veinte lecciones, como nos recuerda Menéndez y Pelayo.

Muy pronto la morada del abuelito se le hace tan estrecha como antes el campo, y es incorporada como dama de honor al séquito de la virreina, donde su saber y su inteligencia abren brecha entre los palaciegos, tan arrogantemente vestidos por fuera, como desnudos de instrucción por dentro. El virrey Mancera, pone en duda la autenticidad de su talento y la somete a una dura prueba: ordena que lo más granado de la intelectualidad de entonces examine a la neófita. JUANA, que sólo cuenta diecisiete años, hace frente a un sanedrín de cuarenta sabios y, perseguida, acorralada, supo sortear con maestría el comprometido examen y a todo respondió acertadamente.

Era realmente hermosa la pueblerina; así se desprende de lo que descubren los retratos y lo que escriben sus biógrafos. Es muy natural que fuese cortejada y galanteada y que ella, que aun no soñaba con tomar el velo, llegase a enamorarse a una edad en que el amor es algo tan lógico como las flores en primavera. Algunos de sus versos dan a entender que estuvo enamorada. Jamás se ha sabido de quién, ni se sabrá nunca. Posiblemente el objeto de su amor ni llegó a adivinar la pasión que despertara.

Hemos dicho que JUANA RAMÍREZ DE ASBAJE, fue hija natural. Este hecho, del que no la incumbía a ella ninguna culpa, como deja traslucir discretamente en alguna de sus poesías, acomplejó su espíritu. La Nueva España, a la sazón, se manifestaba muy intransigente en materia de apellidos y por ello no podía esperar que un alto personaje tomara por mujer a la hija de una soltera. Tal vez fue esto, unido a la influencia del jesuíta Antonio Núñez, lo que determinó su ingreso en el convento de San José, de la orden carmelitana, el 14 de agosto de 1667, del cual pasó a los pocos meses al de San Jerónimo, del cual ya no debía salir hasta su muerte.

Su impulso primordial era el aislamiento y, como ella misma escribe, "vivir sola, sin ocupación obligatoria que embarazase la libertad de sus estudios, ni rumor de comu-

nidad que la impidiese seguir el sosegado silencio de sus libros". Este pudo ser el obstáculo que la impidió seguir en la orden del Carmen, cuya regla resultóla excesivamente severa para su constitución física y, posiblemente, para su contextura intelectual. El ambiente en San Jerónimo era más favorable para ella. El locutorio en aquel hermoso monasterio, al Sur de la ciudad, se veía frecuentado por lo más escogido de la alta sociedad virreinal. Allí se sostenían amenas pláticas sobre literatura y se daban representaciones teatrales y conciertos de música escogida. Sor Juana llegó a sentirse tan a sus anchas que, al cabo, su austero confesor llegó a temer que tal existencia no redundara en provecho de su alma.

El aislamiento a que aspira Sor Juana, como hace observar muy justamente *Julio Jiménez Rueda,* no era, en verdad, el hortus conclusus de los místicos. En éstos, recogiendo en pocas palabras, lo establecido por el connotado escritor citado, la emoción es ante todo, mientras en Sor Juana prevaleció la inteligencia sobre lo demás. Fue siempre intelectual y no se registran en su obra éxtasis, visiones ni nada que trascienda a sobrenatural. Cómo sabemos la atrajeron desde edad muy temprana las ciencias positivas y la geometría, la matemática y cuanto a ellas se refiere. Poseyó un excelente instrumental y se delectó en emplearlo, lo cual da a entender que la atrajo más lo especulativo que lo contemplativo.

En el terreno mantuvo siempre una independencia poco común en su época y en un plano tan resbaladizo. Jamás incurrió en nada que pudiera hacer que se la reputara de hereje o de atacada de racionalismo, el cual no deja de asomar en su pensamiento. Es de suponer que la perseverante vigilancia del Padre Núñez tendría muy buen cuidado de impedir que en inteligencia tan privilegiada aflorase lo que hoy llamamos librepensamiento. Con todo nada logró extirpar de su persona una innata tendencia a la discusión y a la polémica. Lo atestigua su magnífica osadía al contestar

*a la histórica carta que con el seudónimo de "Sor Filotea",
escribió el obispo de Puebla Fernández de Santa Cruz. En
esta contestación "trazó su confesión laica", según pala-
bras de Ermilo Abreu Gómez. Es evidente que su condi-
ción de monja, sumisa a una regla, no borró en ella a la
mujer. La enérgica defensa de su sexo hecha en las "re-
dondillas" lo demuestra así. Y la extraordinaria respuesta
al prelado poblano acaba de ponerlo de manifiesto. "Pal-
pita en muchos de sus párrafos, el grito de una alma incon-
forme con una vida que, a pesar de todo, no ha logrado
desarrollarse plenamente; en otros, un rasgo humorístico da
elegancia a un texto necesariamente severo".* [1]

*Ha pesado durante siglos, sobre la mujer, el sambenito,
de engendro infernal por parte de religiosos desorbitados
para quienes, por lo visto el dulce vocablo "madre", potes-
tativo de la mujer, no significa nada. Esta actitud incom-
prensible no se contrae exclusivamente a los católicos-roma-
nos. En el legendario Monte Athos, de filiación griega or-
todoxa, la presencia de una mujer equivale a la del demo-
nio. En la desgraciadamente breve permanencia de Juana
de Asbaje en este valle de lágrimas, época en que el negro
parecía ser el color distintivo de la metrópoli, debió acusar-
se siniestramente la fobia de siglos. Y ello no pudo mere-
cer una equiescencia servil de parte de un espíritu tan in-
dependiente.*

*Cien años antes de que ella viniera al mundo, la seve-
ridad del plateresco español, predisponía al ascetismo y, por
ende, al misticismo. En algunas estrofas de nuestra poetisa,
no dejan de resplandecer reflejos de San Juan de la Cruz,
pero lo que predomina en su obra global —y el maestro
Karl Vossler da fe de ello— es el barroco de su época, tan
grato a los Hijos de Loyola. Sabido es que los jesuítas no*

---

[1] Julio Jiménez Rueda, prólogos a la *Antología de Sor Juana
Inés de la Cruz*, Biblioteca Enciclopédica Popular, Vol 223, Méxi-
co D.F., 1952.

13

admitieron nunca la religión como un coto cerrado y su ostensible tolerancia en cuanto a las relaciones del claustro con el siglo, les permitió no tan sólo tolerar sino incrementar el arte escénico. SOR JUANA, no se rezagó ciertamente en tan interesante faceta de la literatura. *Cual Calderón y Lope,* que siendo gente de hábito, brillaron en el mundo profano por la alta calidad de sus producciones teatrales, la monja mexicana produjo diversos autos sacramentales de elaborada perfección y, lo que es más, una comedia *mundana,* de las llamadas de enredo, cuyo título es Los empeños de una casa. *Además colaboró con Juan de Guevara en* **otra** *comedia,* Amor es más laberinto *y dejó muchos sainetes y loas de los que se representaban en la época en los intermedios entre jornada y jornada. Huelga decir que su afición a ocuparse de temas mundanales, la hizo blanco de censuras más o menos atenuadas. Según parece el arzobispo Francisco de Aguilar y Seijas, asceta intransigente, desaprobó en* JUANA *las que para él eran veleidades profanas, y no fue para con la religiosa tan comprensivo y cordial como su predecesor Fray Payo Enríquez de Ribera. Al extremo que, andando el tiempo, hubo de secuestrar los libros de la eximia poetisa.*

Una demostración palpable del Temple de SOR JUANA INÉS DE LA CRUZ, *la hallamos en el hecho de haber osado objetar reservas a un sermón del famoso Padre jesuíta Antonio Vieira, cuyos finos y hábiles sofismas acertó a controvertir con elegancia no exenta de pasión. El hecho de que una monjita mexicana, casi medio siglo más joven que el titulado maestro de predicadores, lo objetara, en la América hispano-portuguesa, suscitó perplejidad, desconcierto y, posiblemente, encono. El Padre Antonio era confesor de reyes y su prestigio como gran misionero en el Brasil rayaba en lo indiscutible. Y, no obstante, acababa de ser discutido.*

No encaja en las dimensiones ni en los propósitos de este prefacio entrar en los lineamientos teológicos del texto ni de su refutación. Bástenos consignar que, de acuerdo con opiniones de las más autorizadas, entre ellas la del obispo de Puebla, que parece ser quien mandó que se imprimiera la controversia, el texto de SOR JUANA pareció haber llevado ventaja con su ortodoxia clara y precisa sobre los argumentos de su venerable antagonista. Estos hechos pudieron haber influído en el ánimo del arzobispo Aguiar y Seijas para decidirle a intervenir de un modo tajante y directo en las actividades literarias de la religiosa jerónima.

Antes de poner fin a este episodio, en realidad final en la fecunda vida de la ilustre enclaustrada, debemos dar un paso atrás, para aludir a otras de las características de esta mujer extraordinaria. Ya dejamos constancia más arriba de su vehemente inclinación a las ciencias, especialmente las de arraigo matemático como la geometría. Estampamos que poseyó cuanto de más relevante se conocía entonces tocante a instrumentos científicos. Son notorias sus buenas relaciones y jugosas pláticas con las más relevantes personalidades del virreinato que descollaban en todas las ramas del saber. Esto no quiere decir que desdeñase disciplinas como el estudio del latín. De que dominaba éste —a pesar del modo harto singular con que lo aprendiera— dan fe las numerosas citas que esgrime con acierto en sus escritos de controversia. Asímismo se destacó en la música, ya que, de otra manera, no pudo haber escrito un tratado de armonía musical, desdichadamente perdido, y que intituló El caracol, en el cual se sabe que planteaba con su encantador desenfado su concepto personal sobre tan espinoso tema. Fue autora también de El equilibrio moral, obra substraída por los invasores durante la guerra de 1847.

Las aptitudes polifacéticas de JUANA DE ASBAJE se manifestaron bajo multitud de formas. Cuando el virrey Paredes, entró triunfalmente en México allá por el año de 1680, el Cabildo de la Iglesia Metropolitana, sabedor sin duda de los talentos que adornaban a la monja JUANA, encargó a ésta el proyecto de un arco de triunfo digno del astro que aparecía en el horizonte. La agraciada no sólo aceptó su misión sino que desplegó en su cometido insospechadas dotes de lo que hoy denominaríamos arte decorativo. Sin que ello signifique olvido de su estrecha ortodoxia, adoptó para el ornato destacados elementos mitológicos. La mitología, creemos, no debía faltar en la biblioteca de su abuelo, primera fuente de su ilustración prodigiosa. De tal manera, el recién llegado virrey tuvo la sorpresa de verse identificado con el dios Neptuno, hijo de Saturno y acogido en una forma tan gentil, erudita y pomposa como nunca pudo soñarlo cuando navegaba hacia lo que para él era todavía una tierra en estado poco menos que salvaje. El magnífico arco, erigido ante el portal del oeste de la Basílica era de grandes dimensiones y fue tan del gusto de sus comitentes que recibió una importante gratificación por su trabajo, amén de los unánimes elogios de cuantos se hallaban en condiciones de apreciar el valor de su obra.

Es significativo el hecho de que SOR JUANA no se mostró en el fondo tan orgullosa cual han pretendido determinados detractores suyos, más o menos embozados. Es indudable que su vida conventual acusó a menudo un relativo despego en cuanto a sus compañeras de reclusión, de las que trató de mantenerse aparte muchas veces. Es de suponer que la cosa obedecía a la marcada diferencia de nivel entre una y otras, puesto que la categoría intelectual de la escritora se hallaba tan por encima de las demás que a menudo el diálogo resultaría imposible. Pero de que en su pecho no anidaba el menosprecio por los humildes, dan fe los innumerables villancicos, forma popular si las hay, posible homenaje de la poetisa a quienes como ella nacieron en el campo, pero no tuvieron la fortuna de elevarse hasta donde, por su esfuerzo, ella se elevó.

Puede parecernos, a primera vista, que la corta existencia de SOR JUANA, la que a copia de esfuerzo personal logró modelar a su albedrío y la permitió vivir en aquellos elementos que le eran más gratos, vino a ser un anticipo de la bienaventuranza eterna. No hay tal cosa; ella, como todos, gustó sus correspondientes cálices de amargura. Es evidente que su secreta pasión juvenil por un hombre, a la cual nos referimos en su lugar adecuado, la debió costar lágrimas y desvelos, como así la evidencia de su bastardía. En el transcurso de su prolongada convivencia con sus hermanas y superioras no pudo dejar de haber sus más y sus menos. En un ejercicio como el de las letras, tan propenso a envidias y recelos, surgirían como cosa inevitable momentos desabridos. Pero es posible que el mayor escollo puesto a su sosiego dimanara de las tormentosas perspectivas de México en los últimos años del siglo XVII. Levantamientos entre los indígenas, incursiones piratas en la costa, insurrecciones a troche y moche, escasez, hambre, carestía. Reaparición de idolatrías pretéritas, un virrey —Galve— lapidado por la multitud, incendios de edificios y archivos, fallecimientos ininterrumpidos de personas gratas a la sensible religiosa. Y la ojeriza de su Prelado.

Un corazón como el de SOR JUANA no podía permanecer insensible ante lo que veía. Renunció a cuanto poseía, se deshace de su más preciado tesoro, los libros e instrumentos, y pide al Arzobispo Aguiar que lo venda todo para socorrer a los desvalidos. Se libra a tan duras penitencias que su confesor tiene que frenarlas. La peste invade la ciudad y no respeta el convento. Se consagra a la atención de las monjas enfermas, acaso las mismas con las que antes no se frecuentó mucho, hasta que, a su vez, contrae el terrible flagelo y expira el 17 de abril de 1695. En su escritorio deja sin terminar una obra, en la cual amonesta cariñosamente a los connotados escritores de Europa que prodigaron a sus obras alabanzas que consideraba excesivas. Así era ella.

S O N E T O S

I

A la Excma. Condesa de Paredes, enviándole estos papeles
que su Excelencia la pidió y pudo recoger Sor Juana, de
muchas manos en que estaban

El hijo que la esclava ha concebido,
dice el derecho que le pertenece
al legítimo dueño que obedece
la esclava madre de quien es nacido.

El que retorne el campo agradecido,
opimo fruto, que obediente ofrece,
es del señor, pues si fecundo crece,
se lo debe al cultivo recibido.

Así, Lisi divina, estos borrones
que hijos del alma son, partos del pecho,
será razón que a ti te restituya.

Y no lo impidan sus imperfecciones,
pues vienen a ser tuyos de derecho
los conceptos de una alma que es tan suya.

II

Procura desmentir los elogios que a un retrato de la poetisa
inscribió la verdad, que llama pasión

Este que ves, engaño colorido,
que, del arte ostentando los primores,

con falsos silogismos de colores
es cauteloso engaño del sentido.

éste en quien la lisonja ha pretendido
excusar de los años los horrores
y venciendo del tiempo los rigores
triunfar de la vejez y del olvido:

es un vano artificio del cuidado;
es una flor al viento delicada;
es un resguardo inútil para el hado;

es una necia diligencia errada;
es un afán caduco; y, bien mirado,
es cadáver, es polvo, es sombra, es nada.

III

Quéjase de la suerte: insinúa su aversión a los vicios y justifica su divertimiento a las Musas

En perseguirme, mundo, ¿qué interesas?
¿En qué te ofendo, cuando sólo intento
poner bellezas en mi entendimiento
y no mi entendimiento en las bellezas?

Yo no estimo tesoros ni riquezas,
y así, siempre me causa más contento
poner riquezas en mi entendimiento
que no mi entendimiento en las riquezas.

Y no estimo hermosura que vencida
es despojo civil de las edades
ni riqueza me agrada fementida;

teniendo por mejor en mis verdades
consumir vanidades de la vida
que consumir la vida en vanidades.

IV

Que explica la más sublime calidad de amor

Yo adoro a Lisi, pero no pretendo
que Lisi coresponda mi fineza;
pues si juzgo posible su belleza,
a su decoro y mi aprensión ofendo.

No emprender solamente es lo que emprendo,
pues sé que a merecer tanta grandeza
ningún mérito basta, y es simpleza
obrar contra lo mismo que yo entiendo.

Como cosa concibo tan sagrada
su beldad, que no quiere mi osadía
a la esperanza dar ni aun leve entrada;

pues cediendo a la suya mi alegría,
por no llegarla a ver mal empleada,
aun pienso que sintiera verla mía.

V

*Muestra sentir que la baldonen por los aplausos de su
habilidad*

¿Tan grande ¡ay hado! mi delito ha sido
que por castigo de él o por tormento
no basta el que adelanta el pensamiento
sino el que le previenes al oído?

Tan severo en mi contra has procedido,
que me persuado, de tu duro intento,
a que sólo me diste entendimiento
por que fuese mi daño más crecido.

Dísteme aplausos para más baldones,
subir me hiciste, para penas tales;
y aun pienso que me dieron tus traiciones

penas a mi desdicha desiguales
por que viéndome rica de tus dones
nadie tuviese lástima a mis males.

VI

Que da medio para amar sin mucha pena

Yo no puedo tenerte ni dejarte,
ni sé por qué al dejarte o al tenerte
se encuentra un no sé qué para quererte
y mucho sí sé qué para olvidarte.

Pues ni quieres dejarme ni enmendarte,
yo templaré mi corazón de suerte
que la mitad se incline a aborrecerte
aunque la otra mitad se incline a amarte.

Si ello es fuerza querernos, haya modo,
que es morir el estar siempre riñendo;
no se hable más en celo y en sospecha.

Y quien da la mitad no quiera el todo;
y cuando me la estás allá haciendo
sabe que estoy haciendo la deshecha.

VII

*Convaleciente de una enfermedad grave discreta de la seño-
ra virreina, Marquesa de Mancera, atribuyendo a su mucho
amor aun su mejoría en morir*

En la vida que siempre tuyo fue,
Laura divina, y siempre lo será,
la Parca fiera que en seguirme da
quiso acentar por triunfo el mortal pie.

Yo de su atrevimiento me admiré,
que si debajo de su imperio está,
tener poder no puede en ella ya,
pues del suyo contigo me libré.

Para cortar el hilo que no hiló,
la tijera mortal abierta vi.
¡Ay, Parca fiera! —dije entonces yo—

mira que sola Laura manda aquí.
Ella corrida al punto se apartó
y dejóme morir sólo por ti.

VIII

Alaba con especial acierto el de un músico primoroso

Dulce deidad del viento armoniosa,
suspensión del sentido deseada
donde gustosamente aprisionada
se mira la atención más bulliciosa,

perdona a mi zampoña licenciosa,
si al escuchar tu lira delicada
canta con ruda voz desentonada
prodigios de la tuya milagrosa.

Pause su lira el Tracio que aunque calma
puso a las negras sombras del olvido
cederte debe más gloriosa palma;

pues más que a ciencia el arte has reducido
haciendo suspensión de toda un alma
el que sólo era objeto de un sentido.

IX

*Condena por crueldad disimulada el alivio que la
esperanza da*

Diuturna enfermedad de la esperanza
que así entretiene mis cansados años
y en el fiel de los bienes y los daños
tienes en equilibrio la balanza;

que siempre suspendida en la tardanza
de inclinarse, no dejan tus engaños
que lleguen a excederse en los tamaños
la desesperación o la confianza:

¿quién te ha quitado el nombre de homicida,
pues lo eres más severa, si se advierte
que suspendes el alma entretenida

y entre la infausta o la felice suerte
no lo haces tú por conservar la vida
sino por dar más dilatada muerte?

X

En que da moral censura a una rosa,
y en ella a sus semejantes

Rosa divina que en gentil cultura
eres con tu fragante sutileza
magisterio purpúreo en la belleza,
enseñanza nevada a la hermosura;

amago de la humana arquitectura,
ejemplo de la vana gentileza
en cuyo ser unió naturaleza
la cuna alegre y triste sepultura:

¡cuán altiva en su pompa, presumida,
soberbia, el riesgo de morir desdeñas;
y luego, desmayada y encogida,

de tu caduco ser das mustias señas!
¡Con que, en docta muerte y necia vida,
viviendo engañas y muriendo enseñas!

XI

Escoge antes el morir que exponerse a los ultrajes de
la vejez

Miró Celia una rosa que en el prado
ostentaba feliz la pompa vana
y con afeites de carmín y grana
bañaba alegre el rostro delicado;

y dijo: Goza, sin temor del hado,
el curso breve de tu edad lozana,
pues no podrá la muerte de mañana
quitarte lo que hubieres hoy gozado.

Y aunque llega la muerte presurosa
y tu fragante vida se te aleja,
no sientas el morir tan bella y moza;

mira que la experiencia te aconseja
que es fortuna morirte siendo hermosa
y no ver el ultraje de ser vieja.

XII

Que contiene una fantasía contenta con amor decente

Detente, sombra de mi bien esquivo,
imagen del hechizo que más quiero,
bella ilusión por quien alegre muero,
dulce ficción por quien penosa vivo.

Si al imán de tus gracias atractivo
sirve mi pecho de obediente acero
¿para qué me enamoras lisonjero,
si has de burlarme luego fugitivo?

Mas blasonar no puedes satisfecho
de que triunfa de mí tu tiranía;
que aunque dejas burlado el lazo estrecho

que tu forma fantástica ceñía,
poco importa burlar brazos y pecho
si te labra prisión mi fantasía.

XIII

En que satisface un recelo con la retórica del llanto

Esta tarde, mi bien, cuando te hablaba,
como en tu rostro y tus acciones vía
que con palabras no te persuadía,
que el corazón me vieses deseaba.

Y Amor, que mis intentos ayudaba,
venció lo que imposible parecía;
pues entre el llanto que el dolor vertía,
el corazón deshecho destilaba.

Baste ya de rigores, mi bien, baste,
no te atormenten más celos tiranos,
ni el vil recelo tu quietud contraste

con sombras necias, con indicios vanos:
pues ya en líquido humor viste y tocaste
mi corazón deshecho entre tus manos.

XIV

*Efectos muy penosos de amor, y que no por grandes
igualan con las prendas de quien le causa*

¿Vesme, Alcino, que atada a la cadena
de amor, paso en sus hierros aherrojada,
mísera esclavitud desesperada,
de libertad y de consuelo ajena?

¿Ves de dolor y angustia el alma llena,
de tan fieros tormentos lastimada,
y entre las vivas llamas abrasada,
juzgarse por indigna de su pena?

¿Vesme seguir sin alma un desatino
que yo misma condeno por extraño?
¿Vesme derramar sangre en el camino

siguiendo los vestigios de un engaño?
¿Muy admirado estás? ¿Pues ves, Alcino?
Más merece la causa de mi daño.

XV

No quiere pasar por olvido lo descuidado

Dices que yo te olvido, Celio, y mientes,
en decir que me acuerdo de olvidarte,
pues no hay en mi memoria alguna parte
en que, aun como olvido, te presentes.

Mis pensamientos son tan diferentes
y en todo tan ajenos de tratarte,
que ni saben ni pueden olvidarte,
ni si te olvidan saben si lo sientes.

Si tú fueras capaz de ser querido,
fueras capaz de olvido, y ya era gloria
al menos la potencia de haber sido.

Mas tan lejos estás de esa victoria,
que aqueste no acordarme no es olvido
sino una negación de la memoria.

XVI

*Prosigue en su pesar y dice que aun no se debe aborrecer
tan indigno sujeto, por no tenerle así aún cerca del corazón*

Silvio, yo te aborrezco y aun condeno
el que estés de esta suerte en mi sentido,
que infama el hierro al escorpión herido
y a quien lo huella mancha inmundo cieno.

Eres como el mortífero veneno,
que daña quien lo vierte inadvertido;
y en fin eres tan malo y fementido,
que aun para aborrecido no eres bueno.

Tu aspecto vil a mi memoria ofrezco,
aunque con susto me lo contradice,
por darme yo la pena que merezco;

pues cuando considero lo que hice,
no sólo a ti, corrida, te aborrezco,
pero a mí, por el tiempo que te quise.

XVII

*De amor, puesto antes en sujeto indigno, es enmienda
blasonar del arrepentimiento*

Cuando mi error y tu vileza veo,
contemplo, Silvio, de mi amor errado,
cuán grave es la malicia del pecado,
cuán violenta la fuerza de un deseo.

A mi misma memoria apenas creo
que pudiese caber en mi cuidado
la última línea de lo despreciado,
el término final de un mal empleo.

Yo bien quisiera, cuando llego a verte,
viendo mi infame amor poder negarlo;
mas luego la razón justa me advierte

que sólo me remedia en publicarlo;
porque el gran delito de quererte
sólo es bastante pena confesarlo.

XVIII

A la muerte del señor Rey Felipe IV

¡Oh cuán frágil se muestra el ser humano
en los últimos términos fatales
donde sirven aromas orientales
de culto inútil, de resguardo vano!

Sólo a ti respetó el poder tirano,
¡oh gran Filipo! pues con las señales
que ha mostrado que todos son mortales,
te ha acreditado a ti de soberano.

Conoces ser de tierra fabricado
este cuerpo, y que está con mortal guerra
el bien del alma en él aprisionado;

y así, subiendo al bien que el cielo encierra
que en la tierra no cabes has probado,
pues aun tu cuerpo dejas porque es tierra.

XIX

*Un celoso refiere el común pesar, que todos padecen, y
advierte a la causa el fin que puede tener la lucha de
afectos encontrados*

Yo no dudo, Lisarda, que te quiero,
aunque sé que me tienes agraviado;
mas estoy tan amante y tan airado,
que afectos que distingo no prefiero:

De ver que odio y amor te tengo, infiero
que ninguno estar puede en sumo grado;
pues no le puede el odio haber ganado
sin haberle perdido amor primero.

Y si piensas que el alma que te quiso
ha de estar siempre a tu afición ligada,
de tu satisfacción vana te aviso.

Pues si el amor al odio ha dado entrada,
el que bajó de sumo a ser remiso
de lo remiso pasará a ser nada.

XX

*De una reflexión cuerda con que mitiga el dolor
de una pasión*

Con el dolor de la mortal herida,
de un agravio de amor me lamentaba,
y por ver si la muerte se llegaba
procuraba que fuese más crecida.

Toda en su mal el alma divertida,
pena por pena su dolor sumaba,
y en cada circunstancia ponderaba
que sobraban mil muertes a una vida.

Y cuando, al golpe de uno y otro tiro
rendido el corazón, daba penoso
señas de dar el último suspiro,

no sé por qué destino prodigioso
volví a mi acuerdo y dije: ¿qué me admiro?
¿Quién en amor ha sido más dichoso?

XXI

*Que escribió un curioso a la Madre Juana para que le
respondiese*

En pensar que me quieres, Clori, he *dado*,
por lo mismo que yo te *quisiera*,
porque sólo quien no me *conociera*,
me pudiera a mí, Clori, haber *amado*.

En tu no conocerme, *desdichado*
por sólo esta carencia de antes *fuera*,
mas como ya saberlo no *pudiera*
tuviera menos mal en lo *ignorado*.

Me conoces o no me has *conocido:*
si me conoces, suplirás mis *males:*
si aquello, negaráste a lo *entendido,*

si aquesto, quedaremos *desiguales;*
pues ¿cómo me aseguras lo *querido,*
mi Clori, en dos de amor carencias *tales?*

XXII

Que respondió la Madre Juana en los mismos consonantes

No es sólo por antojo el haber *dado*
en quererte, mi bien, pues no *pudiera*
alguno que tus prendas *conociera*
negarte que mereces ser *amado.*

Y si mi entendimiento *desdichado*
tan incapaz de conocerse *fuera,*
de tan grosero error que no *pudiera*
hallar disculpa en todo lo *ignorado.*

Aquella que te hubiere *conocido,*
o te ha de amar o confesar los *males*
que padece su ingenio en lo *entendido,*

juntando los extremos *desiguales;*
con que ha de confesar que eres *querido*
para no dar más improporciones *tales.*

XXIII

*Sólo con aguda ingeniosidad esfuerza el dictamen de que
sea la ausencia mayor mal que los celos*

El ausente, el celoso, se provoca,
aquél con sentimiento, éste con ira;
presume éste la ofensa que no mira
y siente aquél la realidad que toca:

Éste templa tal vez su furia loca
cuando el discurso en su favor delira;
y sin intermisión aquél suspira,
pues nada a su dolor la fuerza apoca.

Éste aflige dudoso su paciencia
y aquél padece ciertos sus desvelos;
éste al dolor opone resistencia;

aquél, sin ella, sufre desconsuelos:
y si es pena de daño, al fin, la ausencia,
luego es mayor tormento que los celos.

XXIV

Resuelve la cuestión de cuál sea pesar más molesto en
encontradas correspondencias: amar o aborrecer

Que no me quiera Fabio al verse amado
es dolor sin igual, en mi sentido;
mas que me quiera Silvio aborrecido
es menor mal, mas no menor enfado.

¿Qué sufrimiento no estará cansado,
si siempre le resuenan al oído,
tras la vana arrogancia de un querido,
el cansado gemir de un desdeñado?

Si de Silvio me cansa el rendimiento,
a Fabio canso con estar rendida:
si de éste busco el agradecimiento,

a mí me busca el otro agradecida:
por activa y pasiva es mi tormento,
pues padezco en querer y ser querida.

XXV

*Prosigue el mismo asunto y determina que prevalezca
la razón contra el gusto*

Al que ingrato me deja, busco amante;
al que amante me sigue, dejo ingrata;
constante adoro a quien mi amor maltrata;
maltrato a quien mi amor busca constante.

Al que trato de amor hallo diamante;
y soy diamante al que de amor me trata;
triunfante quiero ver al que me mata
y mato a quien me quiere ver triunfante.

Si a éste pago, padece mi deseo:
si ruego a aquél, mi pundonor enojo;
de entrambos modos infeliz me veo.

Pero yo por mejor partido escojo
de quien no quiero, ser violento empleo,
que de quien no me quiere, vil despojo.

XXVI

*Continúa el mismo asunto y aun le expresa con más viva
elegancia*

Feliciana me adora y le aborrezco;
Lisardo me aborrece y yo le adoro;
por quien no me apetece ingrato, lloro,
y al que me llora tierno, no apetezco:

a quien más me desdora, el alma ofrezco;
a quien me ofrece víctimas, desdoro;
desprecio al que enriquece mi decoro
y al que le hace desprecios enriquezco;

si con mi ofensa al uno reconvengo,
me reconviene el otro a mí ofendido
y al padecer de todos modos vengo;

pues ambos atormentan mi sentido:
aquéste con pedir lo que no tengo
y aquél con no tener lo que le pido.

XXVII

Enseña cómo un solo empleo en amar es razón
y conveniencia

Fabio, en el ser de todos adoradas
son todas las beldades ambiciosas,
porque tienen las aras por ociosas
si no las ven de víctimas colmadas.

Y así, si de uno solo son amadas,
viven de la fortuna querellosas;
porque piensan que más que ser hermosas
constituyen deidad al ser rogadas.

Mas yo soy en aquesto tan medida,
que en viendo a muchos mi atención zozobra
y sólo quiero ser correspondida

de aquel que de mi amor réditos cobra;
porque es la sal del gusto el ser querido:
que daña lo que falta y lo que sobra.

XXVIII

Alaba con especial acierto el de un músico primoroso

Dulce deidad del viento armoniosa,
suspensión del sentido deseada,
donde gustosamente aprisionada
se mira la atención más bulliciosa;

perdona a mi zampoña licenciosa
si al escuchar tu lira delicada
canta con ruda voz desentonada
prodigios de la tuya milagrosa.

Pause su lira el Tracio, que aunque calma
puso a las negras sombras del olvido,
cederte debe más gloriosa palma,

pues más que a ciencia el arte has reducido
haciendo suspensión de toda un alma
el que sólo era objeto de un sentido.

XXIX

*Contrapone el amor al fuego material y quiere achacar
remisiones a éste, con ocasión de contar el suceso de Porcia*

¿Qué pasión, Porcia, qué dolor tan ciego
te obliga a ser de ti fiera homicida?
¿O en qué te ofende tu inocente vida
que así les das batalla a sangre y fuego?

Si la fortuna airada al justo ruego
de tu esposo se muestra endurecida,
bástale el mal de ver su acción perdida;
no acabes, con tu vida, su sosiego.

Deja las brasas, Porcia, que mortales
impaciente tu amor elegir quiere;
no al fuego de tu amor el fuego iguales;

porque si bien de tu pasión se infiere,
mal morirá a las brasas materiales
quien a las llamas del amor no muere.

XXX

Engrandece el hecho de Lucrecia

¡Oh, famosa Lucrecia, gentil dama,
de cuyo ensangrentado noble pecho
salió la sangre que extinguió a despecho
del rey injusto la lasciva llama!

¡Oh, con cuánta razón el mundo aclama
tu virtud, pues por premio de tal hecho
aun es para tus sienes cerco estrecho
la amplísima corona de tu fama!

Pero si el modo de tu fin violento
puedes borrar del tiempo y sus anales,
quita la punta del puñal sangriento

con que pusiste fin a tantos males;
que es mengua de tu honrado sentimiento
decir que te ayudaste de puñales.

XXXI

Nueva alabanza del mismo hecho

Intenta de Tarquino el artificio
a tu pecho, Lucrecia, dar batalla;
ya amante llora, ya modesto calla;
ya ofrece toda el alma en sacrificio.

Y cuando piensa ya que más propicio
tu pecho a tanto imperio se avasalla,
el premio, como Sísifo, que halla,
es empezar de nuevo el ejercicio.

Arde furioso y la amorosa tema
crece en la resistencia de tu honra,
con tanta privación más obstinada.

¡Oh providencia de deidad suprema:
tu honestidad motiva tu deshonra
y tu deshonra te eterniza honrada!

XXXII

*Refiere con ajuste, y envidia sin él, la tragedia de Píramo
y Tisbe*

De un funesto moral la negra sombra
de horrores mil, y confusiones llena,
en cuyo hueco tronco aun hoy resuena
el eco que doliente a Tisbe nombra;

cubrió la verde matizada alfombra
en que Píramo amante abrió la vena
del corazón, y Tisbe de su pena
dio la señal que aun hoy al mundo asombra.

Mas viendo del amor tanto despecho,
la muerte, entonces de ellos lastimada,
sus dos pechos juntó con lazo estrecho:

mas ¡ay de la infeliz y desdichada
que a su Píramo dar no puede el pecho
ni aun por los duros filos de una espada!

XXXIII

*Convaleciente de una enfermedad grave, discretea con la
señora virreina, marquesa de Mancera, atribuyendo a su
mucho amor su mejoría en morir*

En la vida que siempre tuya fue,
Laura divina, y siempre lo será,

la parca fiera, que en seguirme da,
quiso asentar por triunfo el mortal pie.

Yo de su atrevimiento me admiré,
que si debajo de su imperio está,
tener poder no puede en ella ya,
pues del suyo contigo me libré.

Para cortar el hilo que no hiló,
la tijera mortal abierta vi.
—¡Ay, parca fiera! —dije entonces yo—.

Mira que sola Laura manda aquí.
Ella corrida al punto se apartó
Y déjome vivir sólo por ti.

XXXIV

*En la muerte de la excelentísima señora marquesa
de Mancera (1674)*

De la beldad de Laura enamorados
los cielos, la robaron a su altura,
porque no era decente a su luz pura
ilustrar estos valles desdichados.

O porque los mortales, engañados
de su cuerpo en la hermosa arquitectura,
amirados de ver tanta hermosura
no se juzgasen bienaventurados.

Nació donde el oriente el rojo velo
corre al nacer al astro rubicundo
y murió donde con ardiente anhelo

da sepultura a su luz el mar profundo:
que fue preciso a su divino vuelo
que diese como el sol la vuelta al mundo.

XXXV

A lo mismo

Bello compuesto en Laura dividido,
alma inmortal, espíritu glorioso,
¿por qué dejaste cuerpo tan hermoso?
¿Y para qué tal alma has despedido?

Pero ya ha penetrado en mi sentido
que sufres el divorcio riguroso
porque el día final puedas gozoso
volver a ser enteramente unido.

Alza tú, alma dichosa, el presto vuelo,
y de tu hermosa cárcel desatada,
dejando vuelto su arrebol en hielo,

sube a ser de luceros coronada:
que bien es necesario todo el cielo
porque no eches de menos tu morada.

XXXVI

A la esperanza, escrito en uno de sus retratos

Verde embeleso de la vida humana,
loca esperanza, frenesí dorado,
sueño de los despiertos intrincado,
como de sueños, de tesoros vana;

alma del mundo, senectud lozana,
decrépito verdor imaginado,
el hoy de los dichosos esperado
y de los desdichados el mañana:

sigan tu sombra en busca de tu día
los que, con verdes vidrios por anteojos,
todo lo ven pintado a su deseo:

que yo, más cuerda en la fortuna mía,
tengo en entrambas manos ambos ojos
y solamente lo que toco veo.

XXXVII

Atribuído a la poetisa

Cítara de carmín que amaneciste
trinando endechas a tu amada esposa
y, paciéndole el ámbar a la rosa,
el pico de oro, de coral teñiste;

dulge jilguero, pajarito triste
que apenas el aurora viste hermosa
cuando al tono primero de una glosa
la muerte hallaste y el compás perdiste:

no hay en la vida, no, segura suerte;
tu misma voz al cazador convida
para que el golpe cuando tire acierte.

¡Oh fortuna buscada aunque temida!
¿Quién pensara que cómplice en tu muerte
fuera, por no callar, tu propia vida?

REDONDILLAS

I

Pinta la armonía simétrica que los ojos perciben en la hermosura con otra de música

Cantar, Feliciana, intento
tu belleza celebrada;
y pues ha de ser cantada
tú serás el instrumento.

De tu cabeza adornada
dice mi amor sin recelo
que los tiples de tu pelo
la tienen tan entonada,

pues con presunción no poca
publica con voz suave
que, como componer sabe,
él solamente te toca.

Los claves y puntos dejas
que amor apuntar intente
del espacio de tu frente
a la regla de tus cejas.

Tus ojos al facistol
que hace tu rostro capaz
de tu nariz al compás
cantan el *re mi fa sol.*

El clavel bien concertado
en tu rostro no disuena

porque junto a la azucena
te hacen el color templado.

Tu discreción milagrosa
con tu hermosura concuerda,
mas la palabra más cuerda
si toca el labio se roza.

Tu garganta es quien penetra
al canto las invenciones,
porque tiene deducciones
y porque es quien mete letra.

Conquistas los corazones
con imperio soberano
porque tienes en tu mano
los signos e inclinaciones.

No tocaré la estrechura
de tu talle primoroso
que es paso dificultoso
el quiebro de tu cintura.

Tiene en tu pie mi esperanza
todos sus deleites juntos,
que como no sabe puntos
nunca puede hacer mudanza.

Y aunque a subir no se atreve
en canto llano de punto,
en echando contrapunto
blasona de semibreve.

Tu cuerpo, a compás obrado
de proporción a porfía,
hace divina armonía
por lo bien organizado.

Callo, pues mal me descifra
mi amor en rudas canciones,
pues que de las perfecciones
sola tú sabes la cifra.

II

Enseña modo con que la hermosura, solicitada de amor
importuno, pueda quedarse fuera de él, con entereza tan
cortés que haga bien quisto hasta el mismo desaire.

Dos dudas en que escoger
tengo; y no sé a cuál prefiera:
pues vos sentís que no quiera
y yo sintiera querer.

Con que, si a cualquier lado
quiero inclinarme, es forzoso
quedando el uno gustoso
que otro quede disgustado.

Si daros gusto me ordena
la obligación, es injusto
que por daros a vos gusto
haya yo de tener pena.

Y no juzgo que habrá quien
apruebe sentencia tal:
como que me trate mal
por trataros a vos bien.

Mas por otra parte siento,
que es también mucho rigor,
que lo que os debo en amor
pague en aborrecimiento.

Y aun irracional parece
este rigor, pues se infiere
¿si aborrezco a quien me quiere
qué haré con quien aborrezco?

No sé cómo despacharos
pues hallo, al determinarme,
que amaros es disgustarme
y no amaros disgustaros.

Pero dar un medio justo
en estas dudas pretendo,
pues no queriendo, os ofendo,
y queriendoos me disgusto.

Y sea esta la sentencia
porque no os podáis quejar,
que entre aborrecer y amar
se parta la diferencia.

De modo que, entre el rigor
y el llegar a querer bien,
ni vos encontréis desdén
ni yo pueda hallar amor.

Esto el discurso aconseja,
pues con esta conveniencia
ni yo quedo con violencia
ni vos os partís con queja.

Y que estaremos, infiero,
gustosos con lo que ofrezco;
vos de ver que no aborrezco;
yo de saber que no quiero.

Sólo este medio es bastante
a ajustarnos, si os contenta,

que vos me logréis atenta
sin que yo pase a lo amante.

Y así quedo, en mi entender
esta vez bien con los dos:
con agradecer con vos;
conmigo, con no querer.

Que aunque a nadie llega a darse
en esto justo cumplido,
ver que es igual el partido
servirá de resignarse.

III

*Que responde a un caballero que dijo ponerse hermosa
la mujer con querer bien*

Silvio, tu opinión va errada,
que en lo común, si se apura,
no admiten por hermosura
hermosura enamorada.

Pues si bien de la extrañeza
el atractivo más grato
es el agrio de lo ingrato
la sazón de la belleza.

Porque gozando excepciones
de perfección más que humana,
la acredita soberana
lo libre de las pasiones.

Que no se conserva bien
ni tiene seguridad
la rosa de la beldad
sin la espina del desdén.

Mas si el amor hace hermosas,
pudiera excusar ufana
con merecer la manzana
la contienda de las diosas.

Belleza llego a tener
de mano tan generosa,
que dices que seré hermosa
solamente con querer.

Y así en lid contenciosa
fuera siempre la triunfante;
que, pues nadie es tan amante,
luego nadie tan hermosa.

Mas si de amor el primor
la belleza me asegura,
te deberé la hermosura,
pues me causas el amor.

Del amcr tuyo confío
la beldad que me atribuyo
porque siendo obsequio tuyo
resulta en provecho mío.

Pero a todo satisfago
con ofrecerte de nuevo
la hermosura que te debo
y el amor con que te pago.

IV

*En que describe racionalmente los efectos irracionales
del amor*

Este amoorso tormento
que en mi corazón se ve,
sé que lo siento y no sé
la causa porque lo siento.

Siento una grave agonía
por lograr un devaneo
que empieza como deseo
y para en melancolía.

Y cuanto con más terneza
mi infeliz estado lloro
sé que estoy triste e ignoro
la causa de mi tristeza.

Siento un anhelo tirano
por la ocasión a que aspiro,
y cuando cerca la miro
yo. misma aparto la mano.

Porque, si acaso se ofrece,
después de tanto desvelo
la desazona el recelo
o el susto la desvanece.

Y si alguna vez sin susto
consigo tal posesión
(cualquiera) leve ocasión
me malogra todo el gusto.

Siento mal del mismo bien
con receloso temor
y me obliga el mismo amor
tal vez a mostrar desdén.

Cualquier leve ocasión labra
en mi pecho, de manera
que el que imposible venciera
se irrita de una palabra.

Con poca causa ofendida
suelo, en mitad de mi amor,

negar un leve favor
a quien le diera la vida.

Ya sufrida, ya irritada,
con contrarias penas lucho:
que por él sufriré mucho,
y con él sufriré nada.

No sé en qué lógica cabe
el que tal cuestión se pruebe:
que por él lo grave es leve,
y con él lo leve es grave.

Sin bastantes fundamentos
forman mis tristes cuidados,
de conceptos engañados
un monte de sentimientos.

Y en aquel fiero conjunto
hallo, cuando se derriba,
que aquella máquina altiva
sólo estribaba en un punto.

Tal vez el dolor me engaña
y presumo sin razón,
que no habrá satisfacción
que pueda templar mi saña.

Y cuando a averiguar llego
el agravio porque riño
es como espanto de niño
que para en burlas y juego.

Y aunque el desengaño toco
con la misma pena lucho
de ver que padezco mucho
padeciendo por tan poco.

A vengarse se abalanza
tal vez el alma ofendida
y después, arrepentida,
toma de mí otra venganza.

Y si al desdén satisfago
con tan ambiguo error
que yo pienso que es rigor
y se remata en halago.

Hasta el labio desatento
suele, equívoco, tal vez,
por usar de la altivez
encontrar el rendimiento.

Cuando por soñada culpa
con más enojo me incito
yo le acrimino el delito
y le busco la disculpa

No huyo el mal, ni busco el bien:
porque, en mi confuso error,
ni me asegura el amor
ni me despecha el desdén.

En mi ciego devaneo
bien hallada con mi engaño
solicito el desengaño
y no encontrarlo deseo.

Si alguno mis quejas oye
más a decirlas me obliga,
porque me las contradiga
que no porque las apoye.

Porque si con la pasión
algo contra mi amor digo,

es mi mayor enemigo
quien me concede razón.

Y si acaso en mi provecho
hallo la razón propicia,
me embaraza la justicia
y ando cediendo el derecho.

Nunca hallo gusto cumplido
porque entre alivio y dolor
hallo culpa en el amor
y disculpa en el olvido.

Esto de mi pena dura
es algo de dolor fiero
y mucho más no refiero
porque pasa de locura.

Si acaso me contradigo
en este confuso error
aquel que tuviere amor
entenderá lo que digo.

V

Arguye de inconsecuentes el gusto y la censura de los hombres que en las mujeres acusan lo que causan

Hombres necios que acusáis
a la mujer sin razón,
sin ver que sois la ocasión
de lo mismo que culpáis,

si con ansia sin igual
solicitáis su desdén
¿por qué queréis que obren bien
si las incitáis al mal?

Combatís su resistencia
y luego, con gravedad,
decís que fue liviandad
lo que hizo la diligencia.

Parecer quiere el denuedo
de vuestro parecer loco,
al niño que pone el coco,
y luego le tiene miedo.

Queréis, con presunción necia,
hallar a la que buscáis,
para pretendida, Thais,
y en la posesión, Lucrecia.

¿Qué humor puede ser más raro
que el que, falto de consejo,
él mismo empaña el espejo
y siente que no esté claro?

Con el favor y el desdén
tenéis condición igual:
quejándoos si os tratan mal
burlándoos si os quieren bien.

Opinión ninguna, gana
pues la que más se recata,
si no os admite, es ingrata,
y si os admite, es liviana.

Siempre tan necios andáis
que con desigual nivel
a una culpáis por cruel
y a otra por fácil culpáis.

¿Pues cómo ha de estar templada
la que vuestro amor pretende,

si la que es ingrata ofende
y la que es fácil enfada?

Mas entre el enfado y pena
que vuestro gusto refiere
bien haya la que no os quiere
y quejaos en hora buena.

Dan vuestras amantes penas
a sus libertades alas,
y después de hacerlas malas
las queréis hallar muy buenas.

¿Cuál mayor culpa ha tenido,
en una pasión errada,
la que cae de rogada,
o el que ruega de caído?

¿O cuál es más de culpar,
aunque cualquiera mal haga,
la que peca por la paga
o el que paga por pecar?

Pues ¿para qué os espantáis
de la culpa que tenéis?
Queredlas cual las hacéis
o hacedlas cual las buscáis.

Dejad de solicitar
y después con más razón,
acusaréis la afición
de la que os fuere a rogar.

Bien con muchas armas fundo
que lidia vuestra arrogancia,
pues, en promesa e instancia
juntáis diablo, carne y mundo.

Ovejuela perdida
de tu dueña olvidada
¿a dónde vas errada?
Mira que, dividida
de mí, también te apartas de tu vida.
Por las cisternas viejas,
bebiendo turbias aguas,
tu necia sed enjugas
y, con sordas orejas,
de las aguas vivíficas te alejas.
En mis finezas piensa;
verás cómo siempre amante
te aguardo vigilante;
te libro de la ofensa;
y que pongo la vida en tu defensa.
De la escarcha y la nieve
cubierto voy, siguiendo
tus necios pasos, viendo
que, ingrata, no te mueve
ver que dejo por ti noventa y nueve.
Mira que mi hermosura
de todas es amada,
de todas es buscada,
sin reservar criatura
y sólo a ti te elige tu ventura.
Por sendas horrorosas
tus pasos voy siguiendo
y mis plantas hiriendo
de espinas olorosas,
que estas selvas producen escabrosas.

Yo tengo de buscarte;
y aunque tema, perdida,
no tengo de dejarte,
por buscarte, la vida,
que antes quiero perderla por hallarte.
¿Así me correspondes,
necia, de juicio errado?
¿No soy quien te ha criado?
¿Cómo no me respondes
y cómo, si pudieras, te me escondes?
Pregunta a tus mayores
los beneficios míos,
los abundantes ríos,
los pastos y verdores
en que te apacentaron mis amores.
En un campo de abrojos,
en tierra no habitada,
te hallé sola, arriesgada
del lobo a ser despojos,
y te guardé cual niña de mis ojos.
Trájete a la verdura
del más ameno prado,
donde te ha apacentado
de la miel la dulzura
y aceite que manó la peña dura.
Del trigo generoso
la médula escogida
te sustentó la vida,
hecho manjar sabroso
y el licor de las uvas oloroso.
Engordaste y —lozana,
soberbia y engreída
de verte tan lucida—
altivamente vana
mi belleza olvidaste soberana.

Buscaste otros pastores
a quien no conocieron
tus padres ni los vieron
ni honraron tus mayores;
y con esto incitaste mis furores.
Y prorrumpí enojado:
—Yo esconderé mi cara,
a cuyas luces para
su cara el sol dorado,
de este ingrato, perverso, infiel ganado.
Yo haré que mis furores
los campos los abrasen
y las yerbas que pacen;
y talen mis ardores
aun los montes que son más superiores.
Mis saetas ligeras
las tiraré y el hambre
corte el vital estambre
y de aves carniceras
serán mordidos y de bestias fieras.
Probarán los furores
de arrastradas serpientes
y muertes diferentes
obrarán mis rigores:
fuera el cuchillo y dentro los temores.
Mira que soberano
soy; que no hay más fuerte:
que yo doy vida y muerte;
que yo hiero, yo sano
y que nadie se escapa de mi mano.
Pero la sed ardiente
me aflige y me fatiga,
bien es que el curso siga
de aquella clara fuente
y que en ella templar mi ardor intente;

que, pues, por ti he pasado
hambre de gozarte,
no es mucho que mostrarte
procure mi cuidado
que de la sed por ti estoy abrasado.

ROMANCES

I

Romance que resuelve con ingenuidad sobre problemas entre las instancias de la obligación y el afecto

Supuesto, discurso mío
que gozáis en todo el orbe,
entre aplausos de entendido,
de agudo veneraciones,

mostradlo en el duro empeño
en que mis ansias os ponen,
dando salida a mis dudas,
dando aliento a mis temores.

Empeño vuestro es el mío;
mirad que será desorden
ser en causa ajena agudo
y en la vuestra propia torpe.

Ved que es querer las causas,
con efectos desconformes,
nieves el fuego congele,
que la nieve llamas brote.

Manda la razón de estado
que, atendiendo a obligaciones,
las partes de Fabio olvide,
las prendas de Silvio adore.

O que al menos, si no puedo
vencer tan fuertes pasiones,
cenizas de disimulo
cubran amantes ardores.

¡Qué vano disfraz la juzgo!
Pues harán, cuando más obren,
que no se mire la llama,
no que el ardor no se note.

¿Cómo podré yo mostrarme,
entre estas contradicciones,
a quien no quiero, de cera,
a quien adoro, de bronce?

¿Cómo el corazón podrá,
cómo sabrá el labio torpe
fingir halago, olvidando,
mentir, amando, rigores?

¿Cómo sufrir abatido,
entre tan bajas ficciones,
que lo desmienta la boca
podrá un corazón tan noble?

¿Y cómo podrá la boca
cuando el corazón se enoje,
fingir cariños, faltando
quien le ministre razones?

¿Podrá mi noble altivez
consentir que mis acciones
de nieve y de fuego sirvan
de ser fábula del orbe?

Y yo doy, que tanta dicha
tenga, que todos lo ignoren:
para pasar la vergüenza
¿no basta que a mí me conste?

Que aquesto es razón me dicen
los que la razón conocen:
¿pues cómo la razón puede
forjarse de sinrazones?

¿Qué te costaba, hado impío,
dar al repartir tus dones
o los méritos de Fabio
o a Silvio las perfecciones?

Dicha y desdicha de entrambos
la suerte les descompone,
con que el uno su desdicha
y el otro su dicha ignore.

¿Quién ha visto que tan varia
la fortuna se equivoque
y que el dichoso padezca
porque el infelice goce?

No me convence el ejemplo
que en el Mongibelo ponen,
que en él es natural gala
y en mí violencia disforme.

Y resistir el combate
de tan encontrados golpes
no cabe en lo sensitivo
y puede sufrirlo un monte.

¡Oh vil arte cuyas reglas
tanto a la razón se oponen,
que para que se ejecuten
es menester que se ignoren!

¿Qué hace en adorarme Silvio?
¿Cuándo más fino blasone,
quererme es más que seguir
de su inclinación el norte?

Gustoso vive en su empleo
sin que disgustos le estorben:
¿pues qué vence, si no vence
por mí en sus inclinaciones?

¿Qué víctimas sacrifica,
qué incienso en mis aras pone,
si cambia sus rendimientos
al precio de mis favores?

Más hago yo; pues no hay duda
que hace finezas mayores
que el que voluntario ruega,
quien violenta corresponde.

Porque aquél sigue obediente
de su estrella el curso dócil,
y éste contra la corriente
de su destino se opone.

El es libre para amarme,
aunque otra su amor provoque.
¿Y no tendré yo la misma
libertad en mis acciones?

Si él restituir no puede,
su incendio mi incendio abone:
violencia que a él le sujeta,
¿qué mucho que a mí me postre?

¿No es rigor, no es tiranía,
siendo iguales las pasiones,
no poder él reportarse
y querer que me reporte?

Quererle porque él me quiere
no es justo que amor se nombre:
que no ama quien para amar
el ser amado supone.

No es amor correspondencia:
causas tiene superiores,
que las concilian los astros
o la engendran perfecciones.

Quien ama porque es querida,
sin otro impulso más noble,
desprecia el amante y ama
sus propias adoraciones.

Del humo del sacrificio
quiere los vanos honores,
sin mirar si al oferente
hay méritos que le adornen.

Ser potencia y ser objeto
a toda razón se opone;
porque era ejercer en sí
sus propias operaciones.

A parte rei se distinguen
el objeto que conoce;
y lo amable, no lo amante,
es blanco de sus arpones.

Amor no busca la paga
de voluntades conformes;
que tan bajo interés fuera
indigna usura en los dioses.

No hay cualidad que en él pueda
imprimir alteraciones
del velo de los desdenes,
del fuego de los favores.

Su ser es inaccesible
al discurso de los hombres;
que aunque el efecto se sienta,
la esencia no se conoce.

Y en fin, cuando en mi favor
no hubiere tantas razones,
mi voluntad es de Fabio:
Silvio y el mundo perdonen.

II

*Acusa la hidropesía de mucha ciencia, que teme inútil,
aun para saber, y nociva para vivir.*

Finjamos que soy feliz,
triste pensamiento, un rato;
quizá podréis persuadirme,
aunque yo sé lo contrario.

Que pues sólo en la aprehensión
dicen que estriban los daños,
si os imagináis dichoso
no seréis tan desdichado.

Sírvame el entendimiento
alguna vez de descanso
y no siempre esté el ingenio
con el provecho encontrado.

Todo el mundo es opiniones,
de pareceres tan varios,
que lo que el uno, que es negro,
el otro prueba que es blanco.

A uno sirve de atractivo
lo que otro concibe enfado,
y lo que éste por alivio
aquél tiene por trabajo.

El que está triste censura
al alegre de liviano
y el que está alegre se burla
de ver al triste penando.

Los dos filósofos griegos
bien esta verdad probaron;
pues lo que en el uno risa,
causaba en el otro llanto.

Célebre su oposición
ha sido por siglos tantos,
sin que cuál acertó esté
hasta ahora averiguado.

Antes, en sus dos banderas
el mundo todo alistado,
conforme el humor le dicta
sigue cada cual el bando.

Uno dice que de risa
sólo es digno el mundo vario,
y otro que sus infortunios
son sólo para llorados.

Para todo se halla prueba
y razón en que fundarlo;
y no hay razón para nada,
de haber razón para tanto.

Todos son iguales jueces,
y siendo iguales y varios,
no hay quien pueda decidir
cuál es lo más acertado.

Pues si no hay quien lo sentencie
¿por qué pensáis vos, errado,
que os sometió Dios a vos
la decisión de los casos?

¿O por qué, contra vos mismo
severamente inhumano,
entre lo amargo y lo dulce
queréis elegir lo amargo?

Si es mío mi entendimiento
¿por qué siempre he de encontrarlo
tan torpe para el alivio,
tan agudo para el daño?

El discurso es un acero
que sirve por ambos cabos;
de dar muerte, por la punta;
por el pomo, de resguardo.

Si vos, sabiendo el peligro,
queréis por la punta usarlo
¿qué culpa tiene el acero
del mal uso de la mano?

No es saber, saber hacer
discursos sutiles vanos;
que el saber consiste sólo
en elegir lo más sano.

Especular las desdichas
y examinar los presagios
sólo sirve de que el mal
crezca con anticiparlo.

En los trabajos futuros
la atención sutilizando
más formidable que el riesgo
suele fingir el amago.

¡Qué feliz es la ignorancia
del que indoctamente sabio
halla, de lo que padece,
en lo que ignora, sagrado!

No siempre suben seguros
vuelos del ingenio osados,
que buscan trono en el fuego
y hallan sepulcro en el llanto.

También es vicio el saber;
que si no se va atajando,
cuanto menos se conoce
es más nocivo el estrago.

Y si el vuelo no le abaten,
en sutilezas cebado,
por cuidar de lo curioso
olvida lo necesario.

Si culta mano no impide
crecer al árbol copado,
quitan la sustancia al fruto
la locura de los ramos.

Si andar a nave ligera
no estorba lastre pesado,
sirve el vuelo de que sea
el precipicio más alto.

En amenidad inútil
¿qué importa al florido campo,
si no halla fruto el otoño
que ostente flores el mayo?

¿De qué le sirve al ingenio
el producir muchos partos,
si a la multitud se sigue
el malogro de abortarlos?

Y a esta desdicha por fuerza
ha de seguirse el fracaso
de quedar el que produce,
si no muerto, lastimado.

El ingenio es como el fuego,
que, con la materia ingrato,
tanto la consume más
cuanto él se ostenta más claro.

Es de su propio señor
tan rebelado vasallo,
que convierte en sus ofensas
las armas de su resguardo.

Este pésimo ejercicio,
este duro afán pesado,
a los hijos de los hombres
dio Dios para ejercitarlos.

¿Qué loca ambición nos lleva,
de nosotros olvidados?
Si es que vivir tan poco,
¿de qué sirve saber tanto?

¡Oh, si como hay de saber
hubiera algún seminario
o escuela donde a ignorar
se enseñaran los trabajos!

¡Qué felizmente viviera
el que flojamente cauto
burlara las amenazas
del influjo de los astros!

Aprendamos a ignorar,
pensamiento, pues hallamos
que cuanto añado al discurso
tanto le usurpo a los años.

III

A Cristo Sacramentado, día de comunión

Amante dulce del alma,
bien soberano a que aspiro,
tú que sabes las ofensas
castigar a beneficios;

divino imán en que adoro:
hoy que tan propicio os miro,
que me animáis la osadía
de poder llamaros mío:

hoy que en unión amorosa
pareció a vuestro cariño
que si no estabais en mí
era poco estar conmigo;

hoy que para examinar
el afecto con que os sirvo
al corazón en persona
habéis entrado vos mismo,

pregunto: ¿es amor o celos
tan cuidadoso escrutinio?
Que quien lo registra todo
da de sospechar indicios.

Mas ¡ay, bárbara, ignorante,
y qué de errores he dicho,
como si el estorbo humano
obstara al lince divino!

Para ver los corazones
no es menester asistirlos,
que para vos son patentes
las entrañas del abismo.

Con una intuición presente
tenéis en vuestro registro
el infinito pasado
hasta el presente finito.

Luego no necesitabais
para ver el pecho mío,
si lo estáis mirando sabio,
entrar a mirarlo fino.

Luego es amor, no celos,
lo que en vos miro.

G L O S A S

I

Porque la tiene en su pensamiento, desprecia, como inútil,
la vista de los ojos

Aunque cegué de mirarte
¿qué importa cegar o ver,
si gozos que son del alma,
también un ciego los ve?

Cuando el amor intentó
hacer tuyos mis despojos,
Lisi, y la luz me privó,
me dio en el alma los ojos,
que en el alma me quitó.
Dióme, para que a adorarte
con más atención asista,
ojos con que contemplarte,
y así cobré mejor vista
aunque cegué de mirarte.

Y antes los ojos en mí
fueron estorbos penosos,
que no teniéndote aquí
claro está que eran ociosos
no pudiendo verte a ti.
Conque el cegar, a mi ver,
fue providencia más alta
por no poderte tener,
porque ¿a quién la luz le falta
qué importa cegar o ver?

Pero es gloria tan sin par
la que de adorarte siento
que llegándome a matar
viene a acabar el contento
lo que no pudo el pesar.
¿Mas qué importa que la palma
no lleven de mí, violentos,
en esta amorosa calma,
no del cuerpo los tormentos
si gozos que son del alma?...

Así tendré, en el violento
rigor de no verte aquí,
por alivio del tormento
siempre el pensamiento en ti,
siempre a ti en el pensamiento.
Acá en el alma veré
el centro de mis cuidados
con los ojos de mi fe,
que gustos imaginados
también un ciego los ve.

II

Que explica conceptos de amante

..Luego que te vi te amé;
porque amarte y ver tu cielo,
bien pudieron ser dos cosas,
pero ninguna primero.

De mi vida la conquista
tuvo término en quererte
y porque jamás resista,
Celia, hasta llegar a verte
solamente tuve vista.

Pero, aunque luego te amé
como para que te amara
necesario el verte fue,
porque vista no faltara
luego que te vi te amé.

  Pero viendo mi ardimiento,
señora, tu tiranía
quiso, con rigor sangriento,
castigar como osadía
lo que en mí fue rendimiento.
Ofendióte mi desvelo
mas no porque mi destino
incitado de mi anhelo
ofenderte quiso, sino
porque amarte y ver tu cielo...

  Y el no querer estimar
fue por no dar a entender
que yo te pude obligar,
como si el agradecer
fuera lo mismo que amar,
que el mostrarse las hermosas
en ocasión oportuna
ya obligadas, ya amorosas,
aunque casi siempre es una,
bien pudieran ser dos cosas.

  Mas con razón estás dura
para tenerme atado;
en mi amorosa locura
era superfluo tu agrado,
sobrándome tu hermosura.
Y así justamente esmero
en tu servicio finezas,

pues que tiene el mundo, infiero,
después de ti mil bellezas,
pero ninguna primero.

III

Exhorta a conocer los bienes frágiles

Presto celos llorarás.

En vano tu canto suena
pues no advierte en su desdicha
que será el fin de tu dicha
el principio de tu pena.
El loco orgullo refrena
de que tan ufano estás,
sin advertir, cuando das
cuenta al aire de tus bienes,
que si ahora dichas tienes
presto celos llorarás.

En lo dulce de tu canto
el justo temor te avisa
que en un amante no hay risa
que no se altere con llanto.
No te desvanezca tanto
el favor, que te hallarás
burlado y conocerás
cuánto es necio un confiado,
que si hoy blasonas de amado
presto celos llorás.

Advierte que el mismo estado
que el amante venturoso
le constituye dichoso,

le amenaza desdichado,
pues le da tan alto grado
por derribarle nomás;
y así tú, que ahora estás
en tal altura, no ignores
que si hoy ostentas favores
presto celos llorás.

La gloria más levantada,
que amor a tu dicha ordena,
contémplala como ajena
y tenla como prestada.
No tu ambición, engañada,
piense que eterno serás
en las dichas; pues verás
que hay áspid entre las flores
y que si hoy cantas favores
presto celos llorarás.

IV

*Muestra a la hermosura el evidente riesgo de despreciada
después de poseída*

*Rosa que al prado encarnada
ostentas presümptuosa
de grana y carmín bañada,
campa lozana y gustosa;
pero no, que siendo hermosa
también serás desgraciada.*

¿Ves de tu candor que apura
al alba el primer albor?
pues tanto el riesgo es mayor
cuanto es mayor la hermosura.
No vivas de ella segura

que si consientes, errada,
que te corte mano osada
por gozar beldad y olor,
en perdiéndose el color
también serás desdichada.

¿Ves a aquel que más indicia
de seguro en su fineza?
Pues no estima la belleza
más de en cuanto la codicia.
Huye la astuta caricia;
que si, necia y confiada,
te aseguras en lo amada,
te hallarás después corrida,
que en llegando a poseída
también serás desdichada.

A ninguno tu beldad
entregues, que es sin razón
que sirva tu perfección
de triunfo a su vanidad.
Goza la celebridad
común, sin verte empleada
en quien, después de lograda,
no te acierte a venerar,
que en siendo particular
también serás desdichada.

V

*En que describe la catástrofe de las dichas y aun deseos
de los amantes*

*Si de mis mayores gustos
mis disgustos han nacido,
gustos al cielo le pido
aunque me cuesten disgustos.*

¡Oh qué mal, Fabio, resiste
mi amor mi suerte penosa,
pues la estrella que me asiste
de una causa muy gustosa
produce un efecto triste!
Porque mis pasados sustos,
que padezco desiguales,
en mis pesares injustos
no nacieron de mis males
sí de mis mayores gustos.

Y de manera me ordena
los sucesos mi desdicha
que, como los encadena
lo futuro de una dicha,
es posesión de una pena.
Todo lo debo a Cupido,
pues de un favor que me da
(que es siempre de prometido)
aun no está engendrado y ya
mis disgustos han nacido.

Y aun han hecho efectos tales,
de mi estrella los desdenes,
con efectos desiguales
que aborrezco ya los bienes
como a causa de los males.
Y así no llora el sentido
el ver que carezco aquí
de las dichas que he tenido,
porque sólo para ti
gustos al cielo le pido.

Pues te quiero de manera
y el bien así me limito
que al cielo le agradeciera

si el gusto que a mí me quito
a ti, Fabio, te le diera;
que estimo tanto tus gustos
que, sin mirar mi pesar,
o sean justos o injustos
tus gustos he de comprar
aunque me cuesten disgustos.

VI

Glosa a San José

Cuán grande José seréis,
cuando vivís en el cielo,
si cuando estáis en el suelo
a Dios por menor tenéis.

¿Quién habrá. José, quien mida
la santidad que hay en vos
si el llamaros Padre Dios
ha de ser vuestra medida?
¿Qué pluma tan atrevida
en vuestro elogio hallaréis?,
pues si lo que merecéis,
el que os quiere definir.
por Dios os ha de medir
cuán grande, José, seréis.

Fue tanta la dignidad,
que en este mundo tuvisteis,
que vos mismo supisteis
toda vuestra santidad:
Porque acá vuestra humildad
puso a vuestra virtud velo,
porque con tanto recelo

vuestra virtud ignoréis;
y sólo la conocéis,
cuando vivís en el Cielo.

El señor os quiso honrar
por tan eminente modo,
que aquel que lo manda todo
de vos se dejó mandar;
Si favor tan singular
mereció acá vuestro celo,
no hay por qué tener recelo
de que por Padre os tendrá,
cuando estáis glorioso allá,
si cuando estáis en el suelo.

Vos os queréis humillar,
más Dios con obedecer,
nos quiso dar a entender
lo que vos queréis negar.
Sois en perfección sin par,
y cuando ocultar queréis,
lo mucho que merecéis,
porque la naturaleza
conozca vuestra grandeza,
a Dios por menor tenéis.

VII

En obsequio de la Concepción de María Santísima

De tu planta la pureza
huye el dragón; pero tanta
goza agilidad tu planta
que le alcanza en la cabeza.

79

Ya María pura y bella
tu planta al dragón venció,
ya va huyendo de tu huella;
mas aunque al viento atropella,
venciéndolo en ligereza,
no le valdrá su presteza;
que como apta para el cielo,
goza atributos de vuelo,
de tu planta la pureza.

Tal pesar le haces sentir,
que añade a llegarte a ver,
a la pena del caer,
la vergüenza del huir;
mal te puede resistir;
si al verte tan pura y santa,
tanto tu vista le espanta,
y tu esplendor le amedrenta,
que no sólo con afrenta
huye el dragón; pero tanta.

De tu gracia va corrido;
pues su necio parecer
quiso en instante vencer,
y en un instante fue vencido:
porque tu hijo querido
tanto endonaste adelante,
que de tu concepción santa
en el instante dichoso,
como dote glorioso
goza agilidad tu planta.

De tu valor confundido
ya, no sólo, su furor,
no aspira a ser vencedor,
mas se conoce vencido.

Cobarde pues y afligido,
sin recatar su flaqueza
huye; pero tu destreza,
sin que le valga el retiro,
que le alcanza en la cabeza.

Mientras él mira suspenso,
sus bellezas, multiplica,
ella heridas, todas fuertes,
pero ninguna sentida.

Con luciente vuelo airoso,
reina de las aves bellas,
fabrica entre las estrellas
el Elisio, nido hermoso:
mírala el Dragón furioso;
pero aunque con odio intenso,
mal seguirá el vuelo inmenso
del águila coronada,
si ella vuela remontada,
mientras él mira suspenso.

Mal su anhélito, ha intentado
el nido infestar, que ha visto,
porque con la Piedra Cristo
quedó el nido preservado;
mas ella, al verle burlado,
a Dios el honor aplica,
y cuando de dones rica,
apocando sus riquezas,
disminuye sus grandezas,
sus bellezas, multiplica.

Ave es, que con vuelo grave,
de lo injusto haciendo justo,
pudo hacer a Adán augusto,

convirtiendo el Eva en ave:
no el Dragón su astucia alabe,
que si en las comunes muertes
goza victoriosas suertes,
hace en estos lances raros,
él todos flacos reparos;
ella herida, todas fuertes.

Quien bien el ave burló
de sus astucias lo horrendo,
pues su Concepción aun viendo
su preservación no vio.
Bien su necedad pensó,
que era el Aguila escogida
de su veneno vencida,
aunque miraba en su daño
mil señales de su engaño,
pero ninguna sentida.

L I R A S

I

Que expresan el sentimiento que padece una mujer amante de su marido muerto

A estos peñascos rudos,
—mudos testigos del dolor que siento,
que sólo siendo mudos
pudiera yo fiarles mi tormento,
si acaso de mis penas lo terrible
no infunde lengua y voz en lo insensible—

quiero contar mis males,
si es que yo sé los males de que muero;
pues son mis penas tales,
que si contarlas por alivio quiero,
le son, una con otra atropellada,
dogal a la garganta, al pecho espada.

No envidio dicha ajena,
que el mal eterno que en mi pecho lidia
hace incapaz mi pena
de que pueda tener tan alta envidia:
es tan mísero estado en el que peno,
que como dicha envidio el mal ajeno.

No pienso yo si hay glorias,
porque estoy de pensarlo tan distante,
que aun las dulces memorias
de mi pasado bien, tan ignorante
las mira de mi mal el desengaño,
que ignoro si fue bien y sé que es daño.

Esténse allá en su esfera
los dichosos, que es cosa en mi sentido
tan remota, tan fuera
de mi imaginación, que sólo mido,
entre lo que padecen los mortales,
lo que distan sus males de mis males.

¡Quien tan dichoso fuera
que de un agravio indigno se quejara!
¡Quién un desdén llorara!
¡Quién un alto imposible pretendiera!
¡Quién llegara, de ausencia o de mudanza,
casi a perder de vista la esperanza!

¡Quién en ajenos brazos
viera a su dueño, y con dolor rabioso
se arrancara a pedazos
del pecho ardiente el corazón celoso!
Pues fuera menor mal que mis desvelos
el infierno insufrible de los celos.

Pues todos esos males
tienen consuelo o tienen esperanza;
y los más son iguales,
solicitan o animan la venganza,
y sólo de mi fiero mal se aleja
la esperanza, venganza, alivio y queja.

Porque a ¿quién sino al cielo,
que me robó mi dulce prenda amada,
podrá mi desconsuelo
dar sacrílega queja destemplada?
Y él con sordas, rectísimas orejas,
a cuenta de blasfemias pondrá quejas.

Ni Fabio fue grosero,
ni ingrato, ni traidor, antes amante,
con pecho verdadero:
nadie fue más leal ni más constante;
nadie más fino supo en sus acciones
finezas añadir a obligaciones.

Sólo el cielo envidioso
mi esposo me quitó: la Parca dura,
con ceño riguroso,
fue sólo autor de tanta desventura.
¡Oh cielo riguroso! ¡Oh triste suerte,
que tantas muertes das con una muerte!

¡Ay, dulce esposo amado!
¿Para qué te vi yo? ¿Por qué te quise,
y por qué tu cuidado
me hizo con las venturas infelice?
¡Oh dicha fementida y lisonjera,
quién tus amargos fines conociera!

¿Qué vida es ésta mía,
que rebelde resiste a dolor tanto?
¿Por qué, necia, porfía
y en las amargas fuentes de mi llanto,
atenuada, no acaba de extinguirse,
si no puede en mi fuego consumirse?

II

Que expresan sentimientos de ausente

Amado dueño mío:
escucha un rato mis cansadas quejas,
pues del viento las fío
que breve las conduzca a tus orejas,

si no se desvanece el triste acento
como mis esperanzas en el viento.

Oyeme con los ojos,
ya que están tan distantes los oídos,
y de ausentes enojos
en ecos de mi pluma mis gemidos:
y ya que a ti no llega mi voz ruda,
óyeme sordo, pues me quejo muda.

Si del campo te agradas,
goza de sus frescuras venturosas,
sin que aquestas cansadas
lágrimas te detengan enfadosas;
que en él verás, si atento te entretienes,
ejemplo de mis males y mis bienes.

Si el arroyo parlero
ves galán de las flores en el prado,
que amante y lisonjero
a cuantas mira intima su cuidado,
en su corriente mi dolor te avisa
que a costa de mi llanto tienes risa.

Si ves que triste llora
su esperanza marchita en ramo verde
tórtola gemidora,
en él y en ella mi dolor te acuerde
que imitan con verdor y con lamento
él mi esperanza y ella mi tormento.

Si la flor delicada,
si la peña, que altiva no consiente
del tiempo ser hollada,
ambas me imitan, aunque variamente,
ya con fragilidad, ya con dulzura,
mi dicha aquélla, y ésta mi firmeza.

Si ves el ciervo herido
que baja por el monte acelerado,
buscando, dolorido,
alivio al mal en un arroyo helado,
y sediento al cristal se precipita,
no en el alivio, en el dolor me imita.

Si la liebre encogida
huye medrosa de los galgos fieros,
y por salvar la vida
no deja estampa de los pies ligeros,
tal mi esperanza en dudas y recelos
se ve acusada de villanos celos.

Si ves el cielo claro,
tal es la sencillez del alma mía;
y si, de luz avaro,
de tinieblas emboza el claro día,
es con su oscuridad y su inclemencia
imagen de mi vida en esta ausencia.

Así que, Fabio amado,
saber puedes mis males sin costarte
la noticia cuidado,
pues puedes de los campos informarte,
y pues yo a todo mi dolor ajusto,
saber mi pena sin dejar tu gusto.

Mas (cuándo (¡ay, gloria mía!)
mereceré gozar tu luz serena?
¿Cuándo llegará el día
que pongan dulce fin a tanta pena?
¿Cuándo veré tus ojos, dulce encanto,
y de los míos quitarás el llanto?

¿Cuándo tu voz sonora
herirá mis oídos, delicada,
y el alma que te adora,
de inundación de gozos anegada,
a recibirte con amante prisa
saldrá a los ojos desatada en risa?

¿Cuándo tu luz hermosa
revestirá de glorias mis sentidos?
¿Y cuándo yo dichosa
mis suspiros daré por bien perdidos,
teniendo en poco el precio de mi llanto?
¡Que tanto ha de penar quien goza tanto!

¿Cuándo de tu apacible
rostro alegre veré el semblante afable
y aquel bien indecible,
a toda humana pluma inexplicable?
Que mal se ceñirá a lo definido
lo que no cabe en todo lo sentido.

Ven, pues, mi prenda amada;
que ya fallece mi cansada vida
de esta ausencia pesada;
ven, pues, que mientras tarda tu venida,
aunque me cueste su verdor enojos,
regaré mi esperanza con mis ojos.

O C T A V A S

Si debió el teucro muro a la asistencia
del gran Neptuno, fuerza y hermosura,
con que el mundo ostentó, sin competencia,
el poder de divina arquitectura.
Aquí a numen mejor, la providencia,
sin acabar, reserva esta estructura,
porque reciba de su excelsa mano
su perfección el templo mexicano.

Si a las argivas tierras el tridente
libres pudo dejar de inundaciones;
a cuya causa el pueblo reverente
mil en un templo le ofreció oblaciones:
queda ya la cabeza de occidente
segura de inundantes invasiones,
pues con un templo auxilio halla oportuno
en la tutela de mejor neptuno...

Asteria, que antes por el mar vagante
era de vientos, y hondas combatida,
ya al toque del tridente isla constante,
es de Latona amparo, y acogida.
¡Oh México!, no temas vacilante
tu república ver esclarecida:
viniendo el que con mando triplicado
firmará con las leyes el estado.

QUINTILLAS

I

Segura en ti el puerto aspira
la nave del gobernar;
pues la virtud que te admira,
las manos lleva en el mar,
pero en el cielo la mira.

Romper el cerúleo velo
pretenden siempre constantes:
que en tu católico celo,
tus pensamientos gigantes
no aspiras menos, que al cielo.

II

*En que se excusa de una Glosa, mostrando con gracia
impasibilidad*

Señor, aquel primer pie,
es nota de posesivo,
y es inglosable porque
al caso de genetivo
nunca se pospone el de.
Y así el que esta quintilla
hizo y quedó tan ufano,
pues tiene tan buena mano
glose esta redondilla.

No el sentido no topo,
y no hay falta en el primor;
porque es pedir a un pintor,
que copie con un hisopo.

Cualquier facultad lo enseña,
si es el medio disconforme,
pues no hay músico que forme
armonía en una peña.

Perdonad, si fuera del
asunto ya desvarío
porque no quede vacío
este campo de papel.

SOR JUANA INES DE LA CRUZ

I N D I C E

Edición 4000 ejemplares, abril de 1983
Litho Offset Alfaro Hnos., S. A. - Sahuayo 9, México, D. F.